사유하는 팔꿈치

배종영 시집

문학의전당 시인선
371

사유하는 팔꿈치

배종영 시집

문학의전당

시인의 말

들뜨는 것이 아니라
침잠하는 용도로
바람을 모신 시간이었으므로
시 쓰는 일은, 가라앉은 밑바닥을
다시 띄워 다듬는 일이었다.

그러는 동안
언뜻 혹은 간간이 외로웠다.

그러나 그대 또는 시,
적당한 거리를 지켜야 하는
페러렐 레일(parallel rail) 같아
간극을 없애면 한 점으로 수렴하고
급기야는 멈춰서 버린다는 것을 안다.

그러나
눈물 한 방울 끝에 매달려 나오는
눈썹 같은 언어를 쓰다듬는 일,
그걸 그만둘 용기는 없다.

으깨진 꽃잎에 향기를 바르듯
외롭다는 의미를 이제 간신히 알 것 같은데
날은 벌써 저물고 있다.

탕진한 세월에 용서를 구하듯
두 번째 시집을 낸다.

2023년 10월
배종영

차례   시인의 말

제1부

가령　13

빈 공　14

사유하는 팔꿈치　16

마중　18

독무(獨舞)　20

미봉책(彌縫策)　22

울음이라는 이름　24

없다　26

냄비 바닥을 위한 호평 혹은 혹평　28

납작한 힘　30

사슴의 몸속에는 뿔 모양의 피가 흐른다　32

소용돌이에 관하여　34

어금니를 들키다　36

비 근처　38

뜨개질　40

식물의 경첩　42

손이라는 숫자　44

어떤 무게 이동의 경로　46

무거운 말　48

매화몽(梅花夢)　50

제2부

막다른 곳　53

원인에 있어서 자유로운 행위(actio libera in causa)　54

구(球)　56

재목　58

숨은 글씨　60

물빨래　62

구름 릴레이　64

가재 이야기　66

폐허　68

신세 지는 일　70

돌은 시간의 저장소　72

그곳　74

귀를 엿듣다　76

참을 만한 것들　78

구겨진 모양들　80
수키와가 암키와를 만나면　82
동심원 깨지는 소리를 듣다　84
식물의 진단　86
모퉁이들　88

제3부

우묵하다　91
쉬오크 번식법　92
웃자란 나이　94
내일은 힘이 세다　96
우야든동　98
근처　100
물소리　102
꼬리의 힘　104
날짜를 잡아놓고　106
눈길　108
고무장갑을 위한 변명　110

분장(扮裝) 112
숨 114
엉거주춤 116
남지 개비리길 118
방석 120
달의 모서리 122
철든 물 124
체인들 126

해설 | 생에 대한 질문과 '시'라는 답변 127
 | 임지훈(문학평론가)

제1부

가령

 가령, 뾰족한 것들이 쉬는 날이 있다면 못들이, 또는 압정들이 저의 뾰족한 끝을 모른 척하는 날이 있다면 망치들은 동조 휴일에 들 것이고 액자들은 벽을 쳐다만 볼 것이고 땅땅, 소리들도 하루쯤은 입을 다물 것이다.

 작은 돌멩이들은 바쁠 것이다. 하루쯤 눌러야 할 종이들, 꽃송이들을 고정시킬 나비 핀들도 덩달아 바쁠 것이다. 아마도 뾰족한 못들이 쉬는 날이 잦다면 그날은 철물점들의 정기 휴일이 될 것이다.

 흔들리는 것들을 붙들어 매는 일침(一針),
 흔들림은 정색하며 정좌(定座)한다.

 따가웠던 적은 찔렸던 적,
 그래서 그 자국 더 단단해진다.

 정처 없는 것들의 정처(定處)를 만드는 고정, 끝이 뾰족한 것들은 작은 면적으로 넓은 것들을 고정시킬 수 있다.

빈 공

주인 없는 어스름이 깔리는 시간
빈 운동장에 축구공 하나가 덩그렇게 놓여 있다
한낮엔 한 무리 아이들을 몰고
이쪽저쪽으로 우르르 자석처럼 운동장을 구르던 공
지금은 멈춰 서서 어떤 자전인 듯 공전인 듯
간절히 구르는 일을 기다리고 있다
모든 길을 다 잃은 노인 하나
제자리에 미동도 없이 오래 앉아 있듯
흰 공 하나가 그렇게 어둑해진다

어릴 때 내가 가장 많이 겪은 규칙은
우르르 몰려다니는 일이었지만
나이 든 지금은 그 규칙 다 잃고
우두커니 홀로 놓이는 때가 많다
아침에 눈 뜨면 잠이 깬 첫 숨의 냄새를 느끼고
따뜻한 물 한 잔으로 하루 체온을 맞춘 뒤
이런저런 규칙들 그냥 붙들고 산다

나는 잠시 자전 중일 뿐
모든 규칙은 제자리에서 기다린다
아직은 사각의 규칙이 있고
흰 라인들이 지워지지 않아 얼마나 다행인지,
규칙이란 또 얼마나 소중한 것인지를 생각한다
한 모금 숨을 넣어 사람이 굴러가듯
한 바가지 공기를 담아 공은 굴러간다
그러나 공기를 담는 껍질이 없다면
공도 사람도 그 자리에 멈춰 서고 만다

내일 아침이면 저 공은 저 자리에 없을 것이다
아마도 규칙 밖으로 굴러갔을 것이다

사유하는 팔꿈치

갸웃거리는 사유(思惟)를 받치는 것은
다름 아닌 팔꿈치다
위대한 철학이나 새로운 학설들의 정점에는
팔꿈치의 수훈이 있었을 것이다
아득한 별과의 거리를 좁히고
장미꽃숭어리 두근거리던 한여름 밤의
담장을 떠올리던 것도
팔꿈치가 받친 상념 속이었을 것이다

벽에 막힌 팔꿈치,
골똘한 집중을 받들고 섰다
촉수를 들어 이쪽저쪽 옛 부재(不在)를 더듬어가다 보면
저릿저릿해지는 팔꿈치가 있다
얽힌 실타래 풀듯 더듬어가던 궁리가 실마리를 찾으면
그때 비로소 팔꿈치는 자세를 푼다

몇천 년 전의 사람이 여전히 팔꿈치를 받치고 있는 것도
그만한 사유의 도구가 아직 나타나지 않았다는 증거이다

그러나 비스듬한 사유를 받치는 이 직각의 조력자는
그 어떤 수훈의 치사는커녕 가끔
오후의 꾸벅이는 낮잠이나 받치라는 비아냥거림이나 듣는
처지일 때도 있다
아마도 매일매일 도는 달과 지구도
팔꿈치를 닮은 기울어진 중력 위에서 무한한 더듬이를 켜고
영원을 향해 가고 있는지도 모르겠다

마중

 아버지에겐 아버지의 등대가 있었다.

 바다 쪽은 아예 쳐다보지도 마라. 그곳은 배들이 지나다니는 길, 질펀한 비린내가 발목을 잡는 곳, 전 재산이었던 목선 한 척과 파도처럼 억세던 네 할아버지를 삼킨 곳이란다.

 고등학교 시절 밤마다 손전등을 들고 마중을 나온 아버지는 늘 그렇게 얘기하곤 했었다. 그런 아버지의 말을 어떤 날은 흘수선 소리처럼 찰박찰박 들었고, 또 어떤 날은 삐걱삐걱 목선이 물결을 앓는 소리로 들었다. 손전등이 동그랗게 뚫어놓은 길, 앞서가는 그 불빛 속으로 철썩, 주름진 파도 소리가 뛰어들곤 했다. 저녁 불빛들이 멀리 포구 쪽으로 모여들면 울퉁불퉁한 파도가 널브러져 있던 길, 짭짤하게 절인 별들이 뾰족뾰족 솟아 있고 그 별들 밟을까 물 고인 곳을 뛰어넘던 길

 물에 젖는 일 따윈 생각도 하지 마라. 바짝 마른일만 생각해라.

저 고개 너머엔 많고 많은 직업이 있다고 아버진 가끔 손전등의 불빛을 먼 고개 너머 쪽으로 비추곤 했지만 지금, 그 고개 너머가 아닌 동풍을 들이마신 불룩한 새벽녘으로 오늘도 나는 캄캄한 파도를 탄다. 뱃일을 처음 나가던 날 아버지의 호통인 양 젖은 멀미가 찾아왔다.

 늦은 밤 어로작업 마치고 포구 쪽 등대를 보면
 거기, 작은 등대 하나 손에 들고 마중 나온
 아버지가 서 있다.

독무(獨舞)

눈 내리는 골목
한 사내가 홀로 춤을 추고 있다
가로등 조명 아래 흩날리는 눈발 사이
미끄러운 발로 무아지경을 추고 있다

펄펄 날리는 눈송이들의
군무(群舞) 속에 끼어든 독무
넘어질 듯 넘어지지 않는 저 헛손질은
다분히 음악적이다
사실 유연한 것은 사내가 아니라
눈 내리는 골목이다

사내의 발은 취중진담의 자세로
저간의 미끄러운 골목길을 춤추듯 통과하려 한다

수족을 움직이거나 뼈를 운영하는 것은
가파른 골목을 오르는 것처럼
늘 절박한 일이다

관객은
반쯤 열린 흡연 중인 창문 하나
독무의 제목은
고주망태다

잠시 벽을 잡고 숨을 고른 사내가 다시
쏟아지는 눈 속을 향해 춤을 춘다
골목이 끝나는 곳에서
사내는 마침내 눈송이가 되고
홀로 추는 춤은
대문 하나를 두드리면서 그 막을 내린다

미봉책(彌縫策)

미봉책,
한자(漢字)로 풀어보면 두루 꿰맨 일이라 하는데
그렇다면 매일 갈아입는 의복들은 다
여기저기 깁고 꿰맨 미봉책에 불과한 것 아닌가
세상의 망자들이 남겨 놓은 옷가지들이란
생전의 이름으로 다 해져서
아무도 그 옷을 입으려는 사람이 없는 것처럼
본래의 융기(隆起)가 아닌 것들은 모두
일시적으로 꿰매고 이어붙인 것에 불과하다

요즘 같은 날씨라면
봄옷 몇 벌쯤은 짓고도 남을 것 같다
원래 날씨야말로 가장 얇거나 두꺼운 옷감들이라
어떤 날씨는 옷을 벗게 하고
또 어떤 날씨는 옷을 껴입게 하지만
그때마다 날씨라는 거대한 순리 앞에
겨우 미봉책에 불과한 몇 벌 옷으로
두루 대처하는 것이다

미봉책은 잠시 머물다 가는 것,
그런 찰나적 미봉(彌縫)에 기대어
우리는 일생을 사는 것인데
그 미봉조차도 다 뜯지 못하고 간다면
그 미봉을 걷어낸 완전한 옷 한 벌은 언제 입는가

아마도 그건,
어머니의 뱃속 시절과
사후의 널빤지 한 벌이 아닐까

울음이라는 이름

처음 본 고양이를
야옹아, 하고 부르곤 생각해 본다.

자신의 울음으로 불리는 이름들이 꽤 많다는 것과
또 그것이 울음이든 말[言]이든
한 가지 소리만으로 일생을 사는 존재들도
여럿 된다는 것을 알게 된다.

그건 그들이 쓸 수 있는 유일한 문장이기도 하다.
그러니 조금 사납다 해도
그것 또한 그런 말의 일종이려니 받아주어야 한다.

사람만 괜히 복잡해서
나무 밑에 가면 나무가 되고 싶고
물 옆에 가면 마냥 흐르고 싶은 것이다.
때론 고양이 꼬리나 되어
심심한 기분과 놀고 싶은 것이다.

한편, 나무들은 새의 울음의 일종이고
새들은 나무들의 여행이었으면 좋겠다.
대신 울어주고 대신 돌아다니는 것이면 좋겠다.
만약, 사람이 이름을 울음으로 쓰다 보면 종래에는
이름 없이 살게 되는 날이 올지도 모르고
반대로 울음을 이름으로 쓰다 보면
사는 동안 개명을 고민할 때도 있을 것이다.

야옹아, 야옹아 불러도 저만치서 멈칫,
경계하는 고양이를 만난 적이 있다.
자신의 울음을 경계하는 것이라
믿기로 한다.

없다

늙은 노파는
헐렁한 옷 사이로 보이는 말라비틀어진 젖가슴을
굳이 감추려 하지 않는다

가려야 할 성별은 한참 전에 이미 다 빠져나가
더 이상 여며 감출 게 없는 여성,
헐렁한 한여름 더위를 걸치고
얼마 남지 않은 여자에게서마저 빠져나오고 있다

앞마당 꽃밭에 조금 나누어 주고
아장아장 걷는 아이에게 또 조금 나누어 주는
여자라는 뒤끝이
세상 모든 생의 시작점으로 다시 흩어져 간다
여자라는 성, 가만히 보면
사라지는 것이 아니라
어딘가로 옮겨 이어가는 것이다

짐승은 어느 시점 엄마가 떠나지만

사람에겐 평생 어미가 붙어 있다
그러나 그 엄마, 어릴 때는 크고 갈수록 작아지다가
나이가 들면 다시 커진다

한때는 흘러넘치던 모성의 징후들이
바짝 마른 말투를 타고 마른 줄기처럼 얽히고 있다
그러니 자신을 바닥내는 일이란 지극한 경지다
다다를 곳 다 다다르고
이제 몇 군데 남지 않은 곳을 향해
아무런 성별도 없는
늦가을이 간다

여성이 떠난 빈자리
꽁꽁, 문을 닫아걸 것이다

냄비 바닥을 위한 호평 혹은 혹평

바짝 달궈진 냄비 바닥에 물방울을 떨구면
구슬처럼 또르르 구른다
뜨거워서 돌돌 몸을 마는 것이다
고백하자면 어설픈 내 요리 실력은
다 냄비 바닥 덕분이다
펄펄 끓는 맹물과 보글보글 끓는 국물의 차이는
양념의 소리와 맹탕의 소리에 있다
양념의 소리는 묵직하고 두껍지만
맹탕의 소리는 얇고 날렵하다

펄펄 끓는 맹물은 모란 꽃잎같이 넓고
보글보글 끓는 국물은 자두꽃처럼 올망졸망하다
달궈진 냄비 바닥은 장유유서를 지킬 줄 알아
언제나 맨 윗물부터 날려 보내지만
이상한 것은 빨간 국물에서도 맹물에서도
다 같이 하얀 김이 난다는 것이다
다만, 날아가는 흰 김을 코로 잡으면
빨간 향과 무색 향으로 서로 다르다

눈과 코는 각자 자신의 방법으로
색깔을 보거나 맡기 때문이다

냄비 바닥의 밑은 뜨겁고
바닥의 안쪽은 시원한 맛이다
표리가 부동한 냄비는 얇을수록 변덕이 심해서
잠깐 한눈을 팔면 붉은 국물도 맹물도
새까맣게 동색으로 의기투합한다

냄비를 춤추게 하는 건 불꽃,
붉은 또는 파란 꽃이다
꽃잎 위에서 흥에 겨운 냄비는 태생적으로
흥겨운 존재이다

납작한 힘

납작한 것들은 이미
어떤 힘에 눌려 본 일이 있는 것들이다

최대한 자신의 키를 바짝 낮출 때도
납작 엎드려라,
말하곤 한다

가장 큰 힘은 부딪히지 않고 스쳐 가는 힘,
마주치지 않고 피하는 힘
납작한 힘에는 얇은 바람 한 장 들어갈 틈조차 없다
그건, 어떤 얇은 틈에도 스며들 수 있는
눌린 힘

낮은 곳은 아무리 큰 키와 높이라도
절대 닿을 수 없는 곳,
혹은 아예 거들떠보지도 않는
가장 안전한 곳

몸을 낮추지 않고는 다가갈 수 없는 납작한 힘,
오직 납작한 자세로만 만날 수 있다

납작한 것들은 힘이 세다
그들은 바닥 또는 땅의 힘을 업고 있기 때문이다
아무리 무거운 무게일지라도
그 힘으로는 날아오르지 못하지만
종이처럼 얇은 것들은 가볍게 날아오르는 힘이 있다

너무 소소해서
아무도 신경 쓰지 않는 그런 힘으로
오늘도 지구는 돈다

사슴의 몸속에는 뿔 모양의 피가 흐른다

우물가 옛 아낙들의 험담엔 피를 탓하는 말들이 많았다. 사람의 성정(性情)은 그 사람의 피의 모양일 때가 많기 때문이다. 나쁜 피와 칭송의 피를 놓고 그 피를 옮긴, 깔깔거리던 우물가 뿔들.

처음으로 사슴 피를 마시고 머리를 쳐들고 휘젓는 뿔에 온종일 속이 찔린 적이 있었다. 성질이 급하고 다혈질이 된 것도 그 피의 속성을 닮은 것인지도 모르겠다.

사슴의 피에는 발굽이 있어 그 어떤 동물보다도 피가 빠르다.

관목지대를 어릿어릿 가는 사슴의 뿔엔 불안한 갈림길이 있다. 사슴 피는 중력을 거슬러 뿔의 꼭지까지 치솟다 뿔을 닮은 갈림길에서 주춤거리고 불안이 무뎌지면 나뭇등걸에 머리를 비벼 뿔을 벗는다. 뿔을 벗은 사슴은 한동안 자신의 온순한 피를 경계해야 한다.

뿔은 아름답지만 훗날 어떤 입에서는 험담으로 튀어나오기도 한다.

사람에겐 드문드문 나는 뿔이 사슴의 머리 위에서는 늘 자라고 있었구나. 아, 저렇게 아름다운 화(火)도 있었구나.

소용돌이에 관하여

힘겹게 소용돌이를 지고 가는 소라에게는
소용돌이가 집이자 몸이다.
소용돌이의 껍질,
고작 그 껍질을 집으로 산다.

소용돌이이기는 하지만 고정을 향해 제 몸을 박아 넣거나 뚫지 않는다. 겉과 속이 같은 소라는 참 정직한 어패류다. 물결 모양으로 집을 짓고 그 집에 맞춰 몸을 살찌우다 떠날 때는 자신의 모형을 고스란히 행적으로 남겨 놓고 간다.

반면,
나무는 소용돌이의 크기로 농담(濃淡)을 구획한다. 큰 아픔은 짙은 획으로, 작은 상처는 희미하게 잇는다. 나무는 참 겸손한 존재로 걸어온 행적을 몸속에 숨길 뿐 발설하지 않는다. 싹둑 자르기 전에는 누구도 그 발자취를 볼 수가 없다.

소라껍질은 빈집 같지만 거기, 텅 빈 소용돌이가 들어 있다. 어제는 그 소용돌이를 꺼내 먹고 아침까지 어지러웠다.

패각, 빈집을 수북이 쌓으면서 어지러운 술잔을 비웠다.

 나무의 소용돌이 실록은 한 해를 단위로 적는다. 시작과 끝을 둥글게 이은 나잇살이 울퉁불퉁하다.

 소라의 앞은 나팔의 확성(擴聲) 같고 뒤는 한없이 뾰족하다. 전진이 아닌, 과거쯤은 쉽게 뚫으며 갈 수 있다는 듯 배후가 뾰족하다.

 나무는 흰 연기를 배후로 두고 있어
 풀어놓는 순간 빠르게 공중이 된다.

어금니를 들키다

지그시 물린 어금니에는 참 많은 것들이 숨어 있다.
구중심처에 무언으로 앉아 늘 아득하다.

무엇 하나 그냥 삼키는 것들은 없다.
모두 어금니를 지나거나 지나쳐 나오거나 한다.
너무 커서 삼킬 수 없는 슬픔은
어금니로 잘게 부수어 넘겼다.
오래 씹다 보면 아픔도 그런대로 넘길만했다.
간간이 새어 나오던 흐느낌도 꾹 눌러서 삼켰다.

밀려드는 아홉 번째 파도*는
늘 질겅질겅 씹혔다.

어금니를 들킨다는 것은 적의가 아니라 방심이다.
입안 가득 고였던 잠을 내뱉을 때의 하품이나 파안대소,
감추고 있는 것들이 없다.
다만 그 끝에 웅크린 어금니를 들키는 일이다.

먼 수평선에서 만나는 하악골과 상악골 사이
붉은 해가 떠오르고 어선 몇 척 떠 있다.
봄의 하악골에 물린 꽃들이 우물거리는 질긴 바람들

부어오른 편도처럼 마냥 부풀고 있다.
오래 씹은 말들일수록 어금니의 의중을 잘 안다.

지그시 물고 있던 먼 말들을
뿌드득 갈아 새우던 새까만 밤들
가끔 어금니를 들키고 싶은 사람을 만나기도 했다.
어금니를 들킨다는 건
봄 풀밭에 마음을 풀어놓는 일이다.

―――
＊로맹가리, 「새들은 페루에 가서 죽다」에서 인용.

비 근처

여름이 무성해서
무성한 소나기는 내린다.

여름비는 열어놓은 장독 뚜껑의 속도로 왔다가 빨랫줄에 널어놓은 빨래의 속도로 지나간다. 비의 종류 중 여름비는 그중 묽어서 얼룩이나 나팔꽃 마디 같은 것들도 생기지 않는다.

비 가까이 갔던 사람들은 보통 여름 밭고랑이나 우산도 없이 먹구름 밑을 지나가던 사람들이다. 그런 사람들에게선 비 앞섶에서 일던 흙먼지 냄새가 난다.

비 근처까지 갔던 사람이 서둘러 처마 밑으로 들어설 때가 있다. 가장 가까운 처마 밑에서 비를 긋다 보면 남겨 놓고 온 밭고랑의 일들은 흐릿해지고 가던 길 멈춰 선 사람은 점점 멀어지는 낭패를 물끄러미 바라보면서 비의 근처들은 의외로 한가롭다는 것을 알게 된다.

구름이 제 무게를 감당 못할 때

갑작스러운 소나기는 내리는 것이다.

여름 하늘 소낙비는 인생사에 늘 있는 일
비 맞아 무거워진 옷가지들이지만 조금만 햇볕을 쬐어도 금방 가벼워진다.

소나기 그친 마당을 들어서던 두꺼비
느릿느릿 민달팽이
이들은 모두 비 근처에서 온 존재들이다.

뜨개질

남극의 펭귄들이나 인간이 하는 뜨개질은
엉키고 교차하는 일로 따뜻한 체온을 유지할 수 있어
고마울 때도 있다.

그러나 자신의 몸속을 뽑아내 얽고 엮어 먹고 사는 일을 하는 거미나 부러진 나뭇가지를 주워다 결구(結句) 짓는 까치를 보면 사람이 하는 뜨개질은 하수의 손재주에 불과하다.

명작들은 모두 다변한 감정들을 엮어 탄생했다.

또 어떤 결말들은 엉킨 실타래에서 실마리 찾듯 그 엉킨 매듭들을 기어이 헤쳐나온 뒤끝들, 그런 뒤끝들을 정답으로 사용한다. 가령, 넝쿨들이나 줄기식물들은 얽히고설킨 힘으로 꽃을 피우고 열매를 맺는 명백한 정답들이다.

엉킨다고 다 난제들은 아니다. 꿰매고 기워가는 상처처럼 벌어진 사이들은 오히려 엉켜야 아물게 되고 이심전심으로 꽁꽁 묶여 있는 것들이 온갖 세력을 만드는 것이다.

인간은 또 자연을 구부리고 끊고 다시 이어붙이는 방식으로 연명하는 일을 지켜왔다.

　태풍이 온다고 야단법석이지만 그 얽히고설킨 야단법석이 결국 무사히 바람을 이기는 힘이 된다.

　얽고 매듭지고 묶은 것들이
　난제를 푸는 기초가 되는 경우가 많다.

식물의 경첩

식물에는 우리가 모르는 경첩이 달려 있다
가령, 모란은 일생에 딱 한 번 열리고 닫힌다.
문고리도 없이, 아무런 소리도 없이
제 속마음 하나로 홑겹을 여닫는다.

사람이 열릴 때 요란스러운 것이나
수백 번 경첩을 여닫으며
하늘을 나는 기러기들과는 다르다.

딱 한 번 여닫는 것은
하루로부터 배운 방식이겠지만
배움이 짧아 아직 한 달, 일 년을
알지 못한 까닭이기도 하다.
열고 닫는 그 사이를 갖가지 색깔로 살지만
그 열린 꽃으로 셈하던 날들은 짧았다.
오죽하면 열흘 붉은 꽃 없다고 하지 않았던가.

봄에서 여름까지 열려 있던 나무들

가을이 되면 녹스는 경첩들로 붉다.
서걱서걱, 바람의 방식으로 배운
스치는 소리를 내기도 하는

수많은 종류의 경첩들이 세상엔 있지만
철물점에서는 팔지 않는 것들이 훨씬 더 많다.

스스로 경첩을 달고 태어나는 식물들
봉숭아꽃 씨앗을 손바닥에 받아 흔들어 본다.
아직 잠자고 있는 연분홍빛 경첩 소리가
좔좔 들리는 것 같다.

손이라는 숫자

아주 옛날엔 두 손안에 필요한 숫자가 다 들어 있었다
숫자들은 대부분 안쪽으로 굽어지는 것들이었고
합산은 주먹이라고 불렀다
꽉 쥔 숫자를 늘리는 일은
주먹을 다시 펴는 일임을 알게 되기까지 지난한 연대가
지나갔다

숫자란 늘 셈법 주변에 모여 있어
한 손에 다 담을 수 없는 일을 쥐락펴락하는 사이
처음을 잃고 다시
허망한 끝에 서기도 한다

모과나무는 피워낸 꽃의 숫자보다
훨씬 적은 수의 열매를 맺는다
그때 뺄셈이 생겼을 것이다
그 뺄셈에서 다시 덧셈이 생겼을 테니
뺄셈을 통해 덧셈을 배우는 셈이다

인류의 나이는 오로지 덧셈으로만 달려왔지만
뺄셈에 기대어 덧셈의 소박함을 알게 되기도 한다

가끔 내 손에서 툭툭, 모과 떨어지는 소리가 난다
모과 하나를 숫자로 따지면
모과는 반복의 수보다 더 큰 수
그렇지만 열을 넘게 세면
그때 모과는 툭, 하고 떨어진다

새 옷 입고 기다리던 설날도,
오지 않는 엄마도 모두 어린 손안에 있었던 날들이 있었다

어떤 무게 이동의 경로

그의 구두에 잡힌 주름이
저의 걸음에 전전긍긍한 흔적이라면
얼굴 주름이 가득한 저이는
머릿속에 지고 가는 것들이 너무 많은 듯하다.
복잡한 머릿속에 오랫동안 짓눌려 온 듯
겹겹의 주름이 잡혀 있다,
웃음과 울음의 표정조차도 주름의 주도하에 있다.

겹겹의 주름은 또 얼마나 힘이 센 것인가.
풀어 놓거나 꺼내 놓으면
책 수십 권도 넘을 푸념과
웬만한 창고 하나쯤은 거뜬히 채우고도 남을 계획들,
그것들을 평생 떠받치며 살아왔으니
주름의 지지력은 대단한 것이다.

안간힘도 모자라 시력과 청력
앙다문 이빨까지도 다 동원했으나
세상 무게들 대부분은

다 귀와 눈으로 들어온 것들이라
눈과 귀는 결국 무게의 이동 경로쯤 되는 것이다.
그러나 언젠가부턴 머릿속의 무게들
주름의 징검다리를 건너 온몸으로 옮겨질 것이니
꼿꼿하게 버텨왔던 몸은 그때
비스듬히 또는 수평으로 누울 것이다.

일생의 뒤축이 닳은 저이는
또 구부정하게 걷는다.

무거운 말

이석증을 앓고 있는 사람의 귓속엔
자기 몸무게보다도 더 무거운 돌이 들어 있는 것 같다

그 좁은 곳에도 방향이 있어
이리저리 돌 구르는 소리에 쉽게 일어서지도 못한다
자신보다 몇 배나 무거운 그 돌을
도무지 들어 올리지 못하는 자세다
귓속이란 말이 굴러들어오는 곳
굴러온 말이 스스로 방향을 잡아 안착하는 말과
다시 굴러나가는 말이 있는 곳

우리 몸엔 때로는
자디잘아서 분간조차 할 수 없는
무형의 무게들이 들어 있다

 얼굴에 매달고 다니는 근심 근처엔 웃음 하나 자랄 수 없고
눈에 든 모래 알갱이 하나 젖은 낙엽처럼 달라붙어 덜컹덜컹,
자갈밭에 수레바퀴 구르듯 하면 눈을 뜰 수가 없다 아주 작은

말 하나를 잘못 씹으면 그 어떤 말도 더 이상 내뱉지 못하고 말문이 막히는 일, 그건 그 작은 말 한마디가 그동안 말의 문을 통해 내뱉어 온 말들을 다 모아 놓은 것보다 더 크기 때문일 것이다

  고양이 울음소리가 쥐의 발을 묶듯
  발바닥에 박힌 가시 하나가 걸음을 묶어버리듯
  때론 몸속에 몸을 묶어두는 단단한 말뚝 하나가 박혀 있기도 하다
  그 말뚝에 묶여 종래에는
  꼼짝도 못하는 때가 온다

매화몽(梅花夢)

꿈에 못생긴 매화나무 한 그루를 만났다.
겨우내 잠을 설쳤다고
짐짓 투정 부리는 매화나무 만났다.
시커멓게 일어난 피부, 이리저리 휜 손가락
마치 내가 갓 사람을 알아보기 시작할 때 죽었다는
내 할아버지 모습 같았다.

그뿐 아니라 귀신도 만나고 요물도 만났다. 어린 시절 봄 소풍 뒤끝의 악담(惡談)이나 그믐밤 머리맡 색동 설빔이 오종종 연분홍빛으로 매달려 있거나 뿔 달린 내 키에 한참을 쫓기기도 했다. 꺼지는 겨울과 피는 봄이 뒤숭숭 섞여 있었다. 가장 괴로웠던 때와 즐거웠던 순간들이 한 매화나무 아래에서 웃고 있었다.

잠을 깨고 보니 어느덧 봄이다.
집 밖엔 봄나무들, 수피마다 흥건한 땀 흘린다.
봄이라고 생각하니 바람도 없는데
혼자서 자꾸 흔들린다.

제2부

막다른 곳

 막다른 곳이야 많겠지만 칼날이야말로 절대 피해 갈 수 없는 막다른 곳이죠. 그곳은 매우 좁고 첨예하지만 되돌아 나갈 수 없는, 진정한 막다름이지요. 그곳에 타협은 없지요.

 쫓기다가 겨우 막 다다른 곳이
 막다른 곳일 때
 문 하나가 탁 닫힌 것같이 휘청거리지요.

 끝을 보는 곳이지요. 막다른 곳에서는 정면이 가장 무서운 곳이 되지요. 앞뒤, 그 어느 쪽도 나의 편은 아닐 겁니다. 말하기에 따라 꽃 피는 곳이기도 하지요. 꽃은 절정에서 피어나고 그렇다면 절정은 이제 떨어질 일만 남은 막다른 곳이지요. 막다른 곳에 이르러 몸을 헐어 붉게 솟아나는 것이지요.

 막다른 곳은 무심히 옵니다.
 겨울 끝에서 동백이 모가지를 던지듯
 산다는 것은 결국 막다른 곳을 향해
 둥둥 북소리 울리며 행군해 가는 것이지요.

원인에 있어서 자유로운 행위(actio libera in causa)*

인류학의 법전엔 죄의 목록이 가득하다.
신은 인간의 행동을 관찰하고
그중에서 죄의 동작을 골라냈다.
모든 죄에 조응하는 형벌의 수위로는 죽음이 가장 크다.
태어나면서 묻고
죽으면서 답하는 문답,
태어나는 순간 이미 죽음을 알아차리고
모르긴 해도 소리치며 울었을 것이다.

어머니 돌아가실 때 곁에서 바라보는 것 외에
내가 할 수 있는 건 아무것도 없었다.
실정법과 관계없이 나는
부끄러운 부작위범(不作爲犯)**이었다.

  삶이 없다면 죽음도 없을 것이므로 죽음의 책임은 결국 삶에 있고 죽을 줄 알면서도 사는 것이 범죄이므로 죽음의 벌을 받지 않으려면 삶을 멈추어야 한다.

삶을 잇는 것은 쉼 없는 호흡이지만
호흡은 셀 수 없으므로 죄를 묻지 않기로 한다.

인간이 상위법이고
온갖 장기(臟器)들은 하위법이지만
장기들을 다스리지 못한 죄로 죽음을 맞는다.
명백한 하극상이다.

---

*원인에 있어서 자유로운 행위: 행위자가 결과 발생의 위험을 알거나 알 수 있었음에도 스스로 자기 자신을 심신장애상태에 빠지게 한 후 그 상태에서 범죄를 실현하는 경우를 말하는 형법이론이다.
**부작위범: 작위(행위)의 의무가 있는 사람이 그 의무(행위)를 다하지 않아 성립되는 범죄를 말하는 형법이론이다.

구(球)

동그란 것들은
구르는 일만큼은 전문가다.
누군가는 동그란 것들은 모두
우주의 재료라고 했다.
그건 달과 해가 만드는
밤과 낮의 모습이기도 하다.

동그란 것들은 내리막의 증명이며 낙차를 실천하는 유실수들의 본업이기도 하다. 열매가 둥근 것도, 물방울이 동그랗게 몸을 마는 것도 모두 구르려는 본능 때문이다. 물고기들의 동그란 알들은 시간 위를 굴러간다.

분지나 호수 등, 자연이 키운 것들은 모두 둥글다. 나무도 온종일 동그란 그림자 하나씩을 그린다. 지평선 수평선도 사람들의 눈동자도 둥글다.

사람은 땅에 가까워질수록 그 몸이 둥글어진다. 가시 같던 성품도 잘 익은 호두같이 동글동글해진다. 그건, 시간의 최종

본이기도 하고 귀가하는 것들의 마지막 자세들이기도 하다.

  잘 구르는 구(球) 하나를 오래 들고 서 있는 일로
나는 내 성품을 이루고자 했었다.
그러다 언젠가 슬쩍 내려놓으면
스스로 내리막을 찾아서 굴러갈 것이다.

재목

종이는 나무로 만들지만
모든 나무가 다 종이가 될 수 있는 것은 아니다

미루나무같이 이파리가 잔망스러운 나무로 만든 종이는 너무 얇아서 무거운 활자를 지탱할 수 없고 굴참나무로 만든 종이는 글을 쓸 때마다 톡톡, 도토리 떨구는 소리가 나서 적절하지 않다

별들의 바탕은 어둠이 마땅하다*라는 어느 시인의 말처럼
그 속이 희고 쉽게 갈변하지 않는 나무라야
검은 활자의 바탕이 될 수 있다

꺾으면 딱, 하고 부러지는 지조 있는 닥나무로 한지를 만들어 무구정경(無垢淨經)을 싣고 오동나무로 만든 장롱에 딸을 실어 보내듯 나무들은 태어날 때부터 각각 그 재목이 다르다

책의 제목처럼,
종이의 재료가 되는 나무는 종이의 천직쯤 된다

종이를 위해 무럭무럭 자라서 종이로 마감하는 일생을 산다

종이를 만드는 나무는 어떤 맛일까
책장을 넘기는 엄지와 검지에 침을 묻힐 때마다 늘
그 맛이 손끝에 묻어난다

참 궁금한 맛이다

---

*정진규 시, 「별」에서 인용.

숨은 글씨

오래된 책장을 정리하다가 숨은 글씨 하나를 발견했다. 누렇게 바랜 책갈피 속에서 몇 번 접힌 접선에 붙잡힌 옛날 글씨를 발견했다.

별이 초롱하다고
창가에 달이 밝게 떴다고
흐린 날 별처럼 숨어 있었다고

아직도 또박또박 걷고 있는 글자들. 행간 어디쯤에 막차가 떠나던 간이역이 있고 달빛이 너무 밝아 눈앞이 더 어둑하던 기억이 가늘게 뛰고 있다.

책갈피 속이란 밤 아니면 한낮이어서 별은 밤을 떠나지 못하고 태양은 찡그린 눈가를 떠나지 못한다. 귀와 눈은 여전히 숨은 글씨 속에서 기억을 나누고 있다.

옛날을 들킨다고 지금이 난처할 일도 별로 없는데 책의 중간쯤, 그 시간으로 황급히 책장을 덮는다.

옛날 글씨를 읽을 때는
숨은 글씨를 읽을 때는
숨어서 두근두근거려야 한다.

물빨래

잘 마른 옷에선 미세한 물의 겹이 만져집니다.
그건 옷을 주무른 물의 손자국이거나
물이 마르면서 벗어놓은
빳빳한 물의 껍질인지도 모릅니다.

옷이 마른다는 것은
한 겹씩 햇살의 껍질이 벗겨진다는 뜻이기도 합니다.

빨래가 끝난 옷을 헹구어 들면 물 한 벌이 뚝뚝 떨어지면서 주르륵, 며칠 입었던 흔적이 빠져나갑니다. 옷에 묻은 얼룩들이 흘러내릴 때 그것을 땟물 한 벌이라고 한다면 갈아입은 며칠은 이미 저 먼 곳까지 흘러갔습니다. 체면과 격식 같은 것들도 햇볕과 바람에 편입되었을 것입니다.

잘 말려서 개어놓은 옷을 입는 일은
잘 마른 물 한 벌을 입는 일입니다.

물은 우리의 몸 곳곳을 자로 잰 듯

어디서나 몸에 딱 맞습니다.
계곡이든 수영장이든 그보다 더 큰 바닷속이든
그건 모두 몸에 딱 맞는 물 한 벌입니다.

특이한 것은, 그곳을 떠날 때는 항상 그 자리에 물 한 벌을 벗어두어야 한다는 것입니다.

어제는 소나기 한 벌을 느닷없이 입었고
오늘은 샤워기에서 쏟아지는 세로의 물줄기 한 벌을 입고
무더운 여름 하루를 보냈습니다.

구름 릴레이

바람을 불러
바람의 필법으로
그림을 그린다.

하늘엔 흘러가는 구름의 릴레이가 길다. 비로소 울음을 버리고 형상이 된 것들, 서로 이어서 서쪽으로 흘러가는 것을 보니 오늘의 바람 방향쯤은 쉽게 알겠다.

인간은 바람에게서 처음으로 방향을 배웠을 것이다.
그런 바람을 보고 주위가 온통 방향으로 이어져 있다는 것을 또 배웠을 것이다.
그런 다음 방향을 분류하고
자신이 갈 방향과 편승하는 법을 알아냈을 것이다.

이후 바람은 꽤 여러 가지의 모양이나 현상으로 진화했고 흘러가는 일 속에 셀 수 없을 만큼의 기형(奇形)과 수려(秀麗)가 뒤섞여 있다는 것을 깨달았을 것이다.

사람은 하늘, 구름은 늘 생기고 왔다 가는 것, 모든 구름 뒤에는 또 다른 구름이 있기도 하지만 햇무리 들면 반투명의 베일 뒤에 숨었던 것들 다 드러나고 만다.

그러나 인간은 아직도
그 어느 것 어느 쪽을 선택해야 옳은 것인지를
분간 못하고 있는 것만큼은 확실하다.
쉽게 흩어지고 또 뭉치는
일들의 사이에서 편승해 가고 있다는 것을
오늘의 하늘이 알려주고 있는 것이다.

가재 이야기

가재는
돌 틈,
이라는 말로 불리기도 합니다.

딱딱한 돌들이 말랑하고 꼼지락거리는 틈을 십시일반으로 내놓아 가재가 됩니다. 불에 구우면 빨갛게 물드는 것도 늦가을 물 위에 떨어진 단풍에게 배운 사후염색법일 것입니다.

돌 틈은 손을 물기도 합니다.

돌 틈은 침입자가 있으면 흙탕물 속으로 숨기도 합니다. 물이 가라앉기를 기다리면 그때 돌 틈은 다시 맑은 얼굴을 내밀기도 합니다.

사실 돌과 돌 사이는 연체의 공간입니다. 부드러운 돌의 틈입니다. 가재의 몸이 자라면 그에 맞춰 돌들은 제 몸을 깎아 틈을 재단합니다.

가재 하나를 숨겨주려고 돌과 돌이 몸을 바꾸기도 합니다.

돌 틈은 바위가 키우는 돌과 돌 사이 한 뼘의 여유입니다. 늘 있었지만 다만 몰랐던, 그 어떤 낯선 곳에서도 방금 태어난 듯 돌 틈은 그렇게 자랍니다.

폐허

폐허에서 경배하는 사람들을 본다.

돌로 된 건축은 이끼를 피워도, 허물어져 폐허가 되어도, 가장 높은 꼭대기가 저 아래의 낮은 곳이 되어도

신전(神殿)이다.

돌은 무너진 설계도를 기억하고 있다. 돌은 뭉쳐지거나 서로의 몸에 들어가 마모되지 않는다. 한 무리로 쌓여 있어도 돌은 개별적이고 외로운 존재다.

지나간 기억들이란 폐허다. 또한 지나간 일은 어디서 돌 하나 빠져도 무너지지 않는다. 점점 쌓아가는 것 같지만 우리 모두는 무너지는 흔적이다. 가고 싶은 기억의 지점들이 있지만 이미 다 무너진 곳이다.

감정들이란 무너지는 것들의 촉발, 시간의 재료들이다.
인간은 무너질수록 아주 작은 신전이 된다.

남방의 어느 무너진 사원 순례란
견고하던 것이 무너진 시간을 참관했던 일정이었다.

신세 지는 일

지난 며칠 지긋한 바닥의 신세를 졌다.
이리저리 뒤척이다 보니 이쪽저쪽 신세 또한 졌다.
그뿐만 아니라 앓는 내내 겉은 문을 닫아걸고
지극정성으로 몸속을 돌보아
속을 앓는 동안 겉은
퀭하고 핼쑥해졌다.

겨우 몸을 추스를 때도 십시일반으로 부축해 주는 작은 기운들의 도움을 받았고
그래도 힘이 들면 엉거주춤에 기대기도 했다.
지루하고 답답한 격리 기간 내내 잊고 살았던 어린 시절을 불러오고
옛 영화를 보며 무료함을 떨치기도 했다.
무엇인가를 위해 다른 무언가에 기댄 것이다.

신세란 받은 도움이나 끼친 누(累) 같은 것이니까

꽃 피는 며칠도 봄볕의 신세를 지는 일이고 한여름의 나무

들도 그 쨍쨍 내리쬐는 햇볕을 그늘로 덜어내는, 음으로 양으로의 신세를 지는 일일 것이다. 단잠도 베개 위에서 꿈을 꾸고 꽃잎도 뿌리와 햇볕 신세로 피는 것이다.

　겨우 기력을 차린 뒤끝의 외출 때 본 검은 그림자 하나,
　땅을 짚으며 나를 세워주고 있었다.

　그러고 보니 생김과 흩어짐의 세상사 모두 신세라는 긴 끈으로 서로 이어져 있는 것 같다.

돌은 시간의 저장소

한 번도 사용된 적이 없는
무형의 시간이 들어 있는 돌은 무겁다
무게는 근원(根源)이므로
부력들이 둥둥 뜨는 물의 바닥에 가라앉거나
비스듬한 경사의 끝까지 굴러내려도
돌은 탓하지 않는다

세상엔 한때 돌을 종이로 쓴 적이 있었다
굴러가지 않는 돌을 어렵게 구해 그곳에 식자(植字)했던,
암각이나 음각을 맡겨놓았던 시절이 있었다
그것은 마치 지구의 사람들이 작은 우주선 하나를
외계로 보내는 일들과 닮았다

돌은 시간 외에도 온갖 것들을 보관하는 창고다
수억 년 전 바닷속 시간을 저장한 돌엔
물고기 무늬가 파닥이듯 들어 있고
짐승의 모습이나 풍경, 심지어 상극인
바람까지 들어 있기도 하다.

돌 속엔 만질 수 없는 것들도 들어 있어
현자(賢者)들은 그 돌에서 한 말씀을 꺼내려 했고
불자(佛子)들은 인자한 웃음 하나를 골라내려 했다
모두 시간의 대행으로 쓰려 했던 일들이다

돌 속 시계(時計)에는 초침이 없고
돌을 열어 시간을 끄집어낼 때
그때 망치 쪼는 소리가 비로소 초침이 된다고 한다
돌은 무겁지만 그 속은 텅 비어서
돌의 깊은 속을 얻으려 쪼아내다 보면
끝내는 모래 알갱이 하나로
남겨지게 된다고 한다

그곳

내 안에 살고 있는 아이 하나가
오래 그곳을 바라보고 있다

언제든지 갈 수 있을 것 같은,
또는 영영 갈 수 없을지도 모를 그곳

 오랫동안 그곳이라는 말, 달래고 또 달래서 애써 잡아두고 있다 편안한 의자를 놓아주고 아주 평온한 풍경을 매일 갈아주었지만 그곳은 자주 공상 속을 들락거렸다 언제부턴가는 모든 일정들 끝에 그를 앉혀 놓곤 했지만 그곳은 수시로 불쑥불쑥 뛰쳐나와 자꾸만 다시 어디론가 가려 했다

 끝도 아니고 지나쳐 가는 과정도 아닌 그곳은 어디인가
막상 그곳에 도착했다 해도
어디쯤에선 또 다른 그곳이 생겨났다

 다가가면 또 저만치 멀어지는, 공중에 붕붕 떠다니다 종래에는 땅에 내려앉을, 아니 누울 먼 곳이면서도 늘 곁에 있는

그곳, 긴 끈의 느슨한 매듭처럼 자꾸 만지작거렸다 마치 아직 긁지 않은 복권이나 갓 도착한 소포 꾸러미같이 두근두근 심장을 뛰게 했다

  어쩌다 잠을 뒤척일 때
  옆구리 한쪽이 배기는 일처럼
  그곳엔 늘 불이 켜져 있다

  추운 겨울, 살얼음 낀 이문으로 버티는 시장통 늙은 난전들 그 맹목 같은 나날도 바로 낡은 몸속에 아직도 무럭무럭 자라는 그곳이 있기 때문이다

귀를 엿듣다

 귀를 엿듣는다는 말은 아주 낮고 작은 소리를 내는 입을 엿듣는다는 말이다 귓속에 은밀히 감추어둔 입이 더 이상 갇혀 있기를 거부하듯 슬금슬금 흘러나온 것이다

 귀 없는 말
 입 없는 귀

 본시 입과 귀는 요철 같아서 꼭 맞는 크기로 서로 맞닿아 있다 그러나 입 없는 귀, 간혹 입 없이 귀가 만들어 내는 말들이 있고 그런 말들은 귀퉁이가 깨져 있거나 앞과 뒤가 서로 뒤바뀌어 있기도 하다

 먹구름 속에 감추어진 빗소리,
 천둥 없이도 엿들을 수 있다

 비좁은 한 얼굴에서 듣고 말하고, 들이고 내보내는 일이 동시에 이루어진다 게다가 그 좁은 것들이 모여 있으면서 미와 추가 또 함께 있다 귀를 엿듣다 보면 오래전 내 귀가 흘린 입

이 몇 사람의 귀와 입을 전전하다 다시 되돌아오는 것을 들을 때도 있다

 그렇지만 내가 들어서 알고 있는 것보다 내가 듣지 못해 모르고 있는 것이 훨씬 더 많다 귀를 떠난 많은 입들이 아직 허공을 떠돌고 있기 때문이다

 귀 없는 말,
 발도 없는데 멀리 간다
 나팔의 가느다란 소리,
 실뭉치 풀어지듯 길게 늘어지며 간다.

참을 만한 것들

어느 날 문득 돌이켜보니
참 오랫동안 참을 만한 것들과 함께
그럭저럭 잘 살아왔다는 생각이 든다
못 참겠다는 말을 말끝마다 달고 다니면서
꼭 닫힌 문처럼 혹은 벌컥벌컥
열리는 문을 꼭 닫아걸고
묵묵하게 살고 있었다는 생각이 드는 것이다

지나온 발자국마다 온통
참을 수 없을 것 같던 것들로 가득한 걸 보니
참을 수 없는 것들은 모두
참을 만한 것들이었던 것이다

걸어온 것이 아니라 꼭꼭 딛고 온 것이다
갈 데까지 갔거나 올 데까지 온 사람들
 그들의 말을 들어보면 대개 팔 할쯤이 참을 만한 것들로 이루어져 있다
 못 참겠다는 말, 그건 한 번 더 참아보겠다는 말

다시 딛고 일어서겠다는 말이다

초록을 모두 지운 나무가 겨울 들어
온몸에 뾰족한 한기를 바르고 섰다
봄을 생각하며 아픈 겨울을 참는 것이다
그러나 그 참을 만한 것들은 보통
한계치, 또는 경계에 놓여 있다

갈수록 참을 만한 것들이
참지 못할 것들의 밖에서 기웃거리고 있다
서로가 서로를 다독이고 있다
나도 내가 가진 참을 만한 것들의 뒤를
얌전하게 따라가는 수밖에 없을 것 같다

구겨진 모양들

처음부터 반듯하게 주어진 것들은 없다
일상의 모든 모양들은 다 한 번쯤 구겨진 다음에야
제 모양대로 펴지는 것이다
무쇠로 만들어진 칼이나 농기구들도
불을 들여 늘이고 물을 식혀 넣고 한 다음에야
푸시시 들끓는 소리로 굳어진 것이다

그러므로 아직 펴지지 않은 모양들이란 다 미완이다
무엇이든 될 수 있다는, 불끈 쥔 주먹 같은 상태다
나비가 활짝 날개를 펼치듯
동그랗게 접혀 있던 꽃송이에서 꽃잎이 피어나듯
잠시 구겨진 것들은 그렇게 피가 돌아 펴지는 것이다

잘 접는다는 것은 어쩌면
잘 펴지기 위한 것인지도 모른다
펴지기 전의 것들은 모두 나름의 질서로 구겨진 것들이니까
노인의 얼굴에 굵게 접힌 주름들,
지나온 날들을 담담하게 펴고 있는 중이다

실생활의 기물들, 그걸 사용하는 사람들
다 구겨져 있는 모양이다

애써 좁힌 모양, 꺾은 모양,
사람 사는 일들이란 다 그런 모양으로 되어 있다는
반증들인 셈이다

수키와가 암키와를 만나면

윗물과 아랫물이
아래위를 바꾸며 일렁이는 파도는 마치
암키와와 수키와가 연결된 모양이다

수키와가 암키와를 만나면
거기엔 물 샐 틈 하나 없어진다
수려하다와 일렁인다는 문장도
두 기와가 겹쳐진 모양에서 나왔을 것 같다
이인삼각처럼 하나의 두 끝이
둘의 한끝들을 붙들고 있다
하나가 될 수 없는 것들이 또 다른 하나로 엇갈린 교합이다
지붕의 물결무늬에 햇살이라도 덧입혀지면
반짝이는 윤슬이 끼기도 할 것 같다

극과 극이 얽혔을 때를 연결이라고 한다면
지붕은 가옥에서 가장 분분한 곳이다
빗물과 햇살은 지붕과는 상극이지만
그 상극이 아름다울 수 있는 것은

물결을 차용한 덕분일 것이다
한쪽이 가만히 덮어주고
다른 쪽이 얌전히 받아들이고 있지만
잡은 손이 엇갈려 연결이 끊어지기라도 한다면
그 틈새로 주룩, 햇살도 빗물도 흘러내린다

저 수려한 흐름은 백 년을 훌쩍 넘겨 지속된다
언젠가 지붕 고치는 사람을 본 적이 있는데
그는 하늘 바로 밑을 뜯어
지붕이라는 이름으로 덧대고 있었다

묵묵한 것들,
찾아보면 다 연결로 붙어 있다

동심원 깨지는 소리를 듣다

새벽, 빗소리에 잠을 깨
동심원 깨지는 소리를 듣는다
캄캄한 밤하늘을 달려온 빗줄기가
동그랗게 원을 그리며 내려앉는 소리
나뭇잎에선 톡톡,
비스듬히 세워놓은 고무대야에선 똑똑,
반갑다는 말투가 다르다는 뜻이다

똑똑 소리는 갈 곳이 없는,
튕겨 나오는 소리이고
톡톡 소리는 나무속으로 들어가고 싶어
나뭇잎을 두드리는 소리다
그러다 마음 약한 나무들은 대책도 없이
저의 깊은 곳에 동심원을 받아들인다
받아들인다는 것은
문신하듯 새긴다는 것이다

매년 하나씩 차곡차곡 들여놓은 동심원,

그러나 그걸 알아보는 것은 사람뿐이고
그것도 제 죽은 뒤끝이어서
나무가 몸속 동심원을 들키는 일은
곧 나무가 죽는 일이다

죽어서도 빗소리를 만나면
빈 젖 불듯 퉁퉁 불은 동심원을 앓는다

가끔 애벌레들이 젖 빨듯 갉아먹고 있는
나무들의 동심원을 볼 때가 있다
죽은 나무들이 한평생 살았던 동그란 세월을
보시(報施) 중인 것이다

식물의 진단

건설 현장에서 하루 벌이로 살던 그가
식물의 진단을 받자 그의 아내는
길고 지루한 침대를 준비한다.
바람이 끊긴 머릿속은 펄럭이는 일 없이 고요하다.
사람의 말을 버렸으므로
그는 이제부터 수평으로 지낼 것이다.

네 식구의 가장인 그는 어쩌면
세상이 벅차 사람으로 통하는 출구를 모두 꽁꽁 닫아걸고
식물 속으로 도피했는지도 모른다.

쓰러진 나무 덩거리에서 어린 꽃 피듯
식물의 등에는 자주
모란인 듯, 작약인 듯 꽃이 피었다.

늙은 어머니가 보낸 익숙한 사람 하나가
식물의 신경 속을 돌아다니고 있을 것이다.
다시 사람으로 돌아가는 출구를 찾으려

미로를 헤매고 있을 것이다.
비상구를 찾았을까,
식물에 붙은 눈동자가 희미하게 움직인다.

무음으로 누워 있는 식물, 그는 이제
어떤 논의에도 끼어들지 않는다.
말도 버리고 눈도 버린 채 오래 깨어나지 않는 동면,
식물의 병이란 아름답지만
사람이 사람을 찾지 못하는 병은 고요하기만 하다.

그를 다시 수직으로 일으켜 세우기 위해
그 옆에 가만히 눕는다.

모퉁이들

장작을 팬다.

무뚝뚝한 나무토막을 세워놓고 장작을 패다 보면 나무 한 토막에는 적어도 네 개의 모퉁이가 들어 있다는 것을, 세 번의 도끼질로 숨어 있던 네 모퉁이가 드러난다는 것을 알 수 있다. 그 장작을 불길에 던져 넣으면 모퉁이부터 불이 붙는다. 불은 온화한 것 같지만 가까이하면 따갑다. 언젠가 모퉁이에서 버림받은 마음처럼 쓰리기까지 하다. 둥근 나무토막 속에도 날카로운 모퉁이 여럿이 있다. 나무토막이 쉽게 갈라지지 않는 이유도 둥근 테두리로 모서리들을 모아 쥐고 모퉁이를 드러내기 싫어서였는지도 모른다.

문득 모퉁이 하나가 생각나는 일이 있다면 은연중에라도 도끼질이 있었다는 의미다. 모퉁이들이 만든 둥근 원 속, 그 뾰족한 속성들은 어디에 숨었다 나오는 것일까.

꼭 모퉁이를 돌아야만 보이는 것들이 있다.
모퉁이는 늘 숨어 있다.

제3부

우묵하다

  임종을 앞둔 아버지 명치 부근이 우묵하게 패여 있었다. 오래 쓴 벼루의 중앙처럼 온갖 궁리를 갈고 곰곰이 붓의 뜸을 들였을 순간들처럼 아마도 마지막 먹을 갈고 있는 듯 숨을 따라 들썩였다. 유언의 구절을 고르고 받은 호흡마다 검은 먹물 가득 묻히고 있는 듯했다.

  명치는 숨의 그릇이지만 마지막 그곳에 담긴 숨은 한 끼의 바닥을 보이고 있었다. 그악스레 매달렸던 온갖 회한들이 고이고 있었다. 참 많이도 갈았던 흔적, 닳은 만큼 비워낸 흔적이다. 닳아서 얇아진 곳, 얇아져서 깊어진 곳, 일생의 일기가 그곳에서 기록되었으며 할 말 못할 말 다 그곳에서 궁리 되었을 것이다.

  벼루의 가운데처럼 평생 갈고 또 간 숨이 바닥나고 모든 치명(致命)이 직전에 달해 있었다. 등과 뱃가죽이 붙어버린 우묵한 그곳에 숨 가쁘게 마지막 말을 갈고 있었다.

쉬오크 번식법

화장장(火葬場)
막, 관이 불길 속으로 들어가는 순간
유족들은 외친다.

아버지 불 들어가요!

불타는 집을 빠져나온 다급한 영혼들은
언제쯤 고요한 안착을 할까
장례가 끝나고 받아 든
상자 속 이 따뜻한 열매는 또
어느 기후, 어느 곳에서 열릴 것인가

어느 열대의 숲에는 뜨거운 불길에서만 열리는
씨앗이 있다고 한다
태워야만 끊어지는 질긴 집착
쉬오크 씨앗은 그렇게
불길 속에서 차가운 이별을 한다
날개를 달고 날아가는 씨앗,

잿더미 속에서 아지랑이처럼 아른아른 날아오른다

문득, 육신을 떠나는 황급한 영혼이 떠올랐다
이백 도의 고온을 뚫고 날아오른
쉬오크 솔방울의 씨앗처럼
밖에는 소리도 없이 흰 눈이 내리고 있었다

웃자란 나이

겹벚나무 묘목을 뽑아 든 묘목상 남자는
묘목의 중간쯤을 뚝 자른다.
야무지게 시작하라고,
허청허청 키만 크지 말고 굵어진 다음에 훌쩍 자라라고
3년생 나무의 절반도 넘게
2년쯤을 잘라냈다.

눈보라와 폭염 속에 자란 나무는 일찍 철이 들지만
사람의 손으로 감싸 키운 나무는 한없이 포시랍다.
대부분의 묘목들은 마치 유급당하듯
몇 년은 잘라낸 다음에야 제 키와 몸피를 허락받는다.
부풀려진 나이를 잘라낸 다음에야
파란 바람의 여분을 들인다.

저 어린 나무,
첫 가지를 내보낼 계획을 하는 내내
햇볕 지나가는 길과 바람의 방향을 고민하는 일로 바쁘고
그 원형의 몸피는 첫 방향 하나를 찾거나 고르는 일로

정신이 없다.
뿌리는 뿌리대로 토대를 쌓느라 바쁘고
어린 새 혓바닥 같은 첫 이파리는
부지런히 뿌리 쪽으로 광합성을 퍼 나르는 일로
쉴 틈이 없다.

몸의 한 부분을 버리고서야 철이 드는 것들
잘린 나이의 몫까지 남은 몸피에서 자라는 것들

나무들은 대개 저의 나이에서 몇 년씩은 버린다.
나이를 물어보면 몇 살씩 줄어 있다고 한다.
버림으로써 더 크게 채운다는 걸
그들은 이미 알고 있는 것이다.

내일은 힘이 세다

밧줄의 재료나
꽝꽝 못의 지지력엔 다
내일이 섞여 있다

오늘의 하늘엔
내일의 해와 달이 뜨지 않는다
아무도 어쩌지 못하는 내일은
아무도 뜯어보지 못한 내용물 같다

다만 하늘은 오늘도 내일도 그 어떤 날도 구분 못한다
알고 모르는 일은 다 사람의 힘이어서
미루는 일은 내일의 태양을 믿는 일이고
그 태양을 담보 잡는 일이다
대신 기대하는 일이란
뜨는 달에 조금 더 큰 동그라미가 붙는 일 같다

내일의 물소리에
오르막이 묻어 있다거나

굴뚝을 빠져나가는 연기로 집을 짓는
기둥으로 쏜다는 그런 말들도 다
내일에서 빌려 올 수 있어 가능한 말들이다

내일은 남의 일이 아닌 내 일인 듯싶지만
사실 모두의 것이다
내일이 설사 내 일이라 하더라도
내가 오히려 이런저런 일에 기대어 산다는 것을 안다
인간은 언제나 힘센 거대한 일에
안간힘으로 붙어살고 있다

우야든동

내 어릴 적 살던 지방의 방언 중 하나인
우야든동,
그 말엔 수평이든 공평이든
평평하고 반듯한 그 무엇이 들어 있었다.
마치 머리에 물동이를 이고도 양팔에 이것저것 들고 오던
어머니의 머리 위 중심처럼
어떤 복잡하고 다단한 일의 앞이
갑자기 확 열리던 그 우야든동*

먼 길 떠나는 자식의 주머니에 여비를 찔러 주듯
어머니는 그런 우야든동, 가슴속에 심어주곤 했는데
이러지도 저러지도 못하던 고민의 태반(太半)을 뚝 잘라내
흔들리는 다짐을 꽉 잡아주던
우야든동의 그 각설(却說)들

이것저것 다 버려도 오직
그 하나만은 양보할 수 없다던 우야든동,
머뭇거리는 갈림길에서 방향을 일러주고

복마전에서 순서를 매겨주던 그것은 내게 저울이고 나침판이었다.
   그런 내 마음속에 우야든동을 들이는 일은
어머니를 앉히는 일
오롯이 말씀 하나로 남아서 나를 지탱케 한다.

캄캄할수록 샛별처럼 반짝이는
여전히 그리운 우야든동
난관을 만나면 언제나 귓속에 고명처럼 얹힌
마음에 담기만 해도 갈피가 잡히고 얽힌 타래가 풀리던

하모, 그 우야든동

＊우야든동: '어찌하든지' 또는 '어떻게 하든지'라는 뜻의 경상도 사투리.

근처

근처라고 되뇌면 그 순간 안도감이 밀려온다
어느 곳이건 근처는 아름답다

벙커에서 걸어 올린 공이 홀컵 근처에 다다를 때
밤길을 걸어 아침 근처까지 이를 때
그 근처란 무작정 든든한 내 편 같다

그렇다면 엄마들이란 또
얼마나 마음 놓이는 근처들인가
밤새 쓰린 속으로 아내 곁을 서성거린
남편들의 근처란 또 얼마나 매달린 근처들인가

중심이 거느린 첨병처럼 근처에선
벌써 중심의 냄새가 난다
언덕에 올라서면 저기,
저녁 짓는 연기 피어오르듯 근처는 늘 안도한다

다만, 쌓인 가시를 뽑고 주변을 정리해야

근처는 도망가지 않는다
작은 벽 하나로 근처는 먼 나라가 되기도 한다

때로는 취급 주의 꼬리표가 붙은 유리그릇 같아
근처만 서성일 때도 있다
때때로 정상 근처는 힘겹고
새벽 근처는 가장 어둡기도 하다

물소리

산을 오르다 계곡 물소리를 들었습니다

흐르는 물이 돌과 모퉁이, 내리막들과 뒤섞여 각자의 소리를 버리고 한 가지 소리를 내고 있었습니다

그 물소리는 어딘가를 바삐 가는 소리, 그러나 거스름이 없는 순리의 소리입니다 점점 낮아지는 소리입니다 지금보다 더 낮아지겠다는 결연이 묻은 소리입니다만 얼마나 더 낮아질지는 자신도 모르고 있는 것 같습니다

가장 낮아진 물이 모이는 바다에서는 민물이 먼 길에서 익혔던 뒤섞이는 소리, 겹쳐지는 소리, 풀어지는 소리가 반복되고 있습니다

물의 끝을 찾는 사람들을 본 적이 있습니다 마치 실뭉치에서 실이 풀리듯 물이 풀려나오는 곳은 산의 중턱에 있었습니다 아마도 밤과 낮이 그 높이를 바꿀 때 가장 낮은 물이 저 산의 중턱까지 흘렀던 것 아니겠습니까

지구의 모든 농토는 다
물의 곁에서 한 칸씩 낮아지고 있었습니다
착한 곡식들,
물을 따라 옮겨 다닌 곡식들은 물을 닮아
잠잠한 천성이 되었을 것입니다

꼬리의 힘

세상에는 꼬리의 힘으로 살고 있는 것들이 많다.
사는 것을 넘어 꼬리만으로
이야기의 주인공이 되는 것들도 있다.
늘상 꼬리를 밟히는 전과들도 그렇고
봄, 좁은 수로에 사는 바글바글한 과두(蝌蚪)들도 그렇다.
하물며 골목에서도 가끔
바람의 꼬리와 맞닥뜨릴 때가 있다.

저물녘 앙상한 은행나무에 걸려 펄럭이는
실 끊어진 가오리연의 꼬리,
먼 창공에서 저의 구속을 끊었으나
결국, 지상에 엉킨 몸을 풀려고 한시도 쉬지 않는다.

왕성한 꼬리는 인류의 추진력,
사람들은 누구나 꼬리의 힘으로 태어난다.
살다 보면 눈앞에 흔들리는 꼬리가
몸통의 호구지책일 때가 많지만

입이 없어 꼬리들의 뒤틀리는 최선들과
입은 있지만 차마 낯 뜨거워 꼬리로 말할 때도 있다.
어린 시절 어머니는 늘 집안의 꼬리였지만
처지라는 것, 꼭 한 번쯤은 뒤바뀌는 법이어서
언제부턴가 꼬리가 흔들면
이젠 머리가 조아린다.

지글지글 꼬리가 구워지는 선술집
말[言]의 꼬리를 잡고 왁자지껄한 저녁이다.
밤 이슥토록 꼬리에 꼬리를 문다.
여우 꼬리에 물을 적셔 혼미한 잠을 깨우듯
지긋한 문장의 꼬리로
탄식을 터트리고 싶은 날이 있다.

날짜를 잡아놓고

붙잡아 두고 싶은 것이
비단 사랑하는 사람들만일까.
때로는 잡아놓고 손가락 꼽으며 기다리는 날짜들이 있다.

기억에 남는 일들을 되새겨보면
대부분 잡아놓은 날들의 일이었다.
저만치 앞서 있는 날들 중
손이 없는 날, 눈 감은 날, 입 맞춘 날들을 골라
이사를 하고 결혼을 하고
또 자잘한 약속들을 하는 것이다.
그렇게 한번 잡아두면 아예 정착해서
몇십 번이고 바꾸지 않고 재사용하는 것들도 있다.
잡아둔 날짜가 비틀거리거나
한눈파는 사이 도망이라도 가버리면
낭패를 당하기도 한다.

죽는 날과 태어나는 날은
날들이 우리를 잡은, 우리가 오히려 잡힌 날들이다.

그러나 잡아놓은 날짜나 잡힌 날짜나 모두
옆집처럼 다정하게 한 달력 속에 있다.
꽃 피는 날이나 꽃 지는 날들은
초봄이 잡고 늦봄이 지운 날들이다.
다만 꽃과 사람, 날짜를 헤아리는 방법이 달라
기간을 세고 하루를 센다.
꽃은 그 존재가 곧 날짜들이다.

내가 사용한 날짜들 돌아보니
꽃 같은 날도 꽃 지는 날도
앞서거니 뒤서거니 함께 있었다.

이사 간 새집 주변에 식물이라는 새 달력이 생겼다.
칸칸마다 누가 적었는지
꽃 피고 지고 열매 맺는 날짜들로 빼곡하다.

눈길

눈 쌓인 길을 쓸다 보면
원래의 길보다 좁은 길이 나타난다.

길 속에 또 다른 길이
숨어 있었다는 것을 알게 되는 것이다.
이 길에선 갈지자걸음도, 우르르 뭉쳐 횡대로 걷던 무리도
일렬로 서서 온순한 행실이 된다.

티베트 설산을 넘던 마방(馬房)들의 조로서도(鳥路鼠道)는
이런저런 물건을 나르던 큰 길이 아니라
꼭 필요한 양식이나 소금, 차를 실어 나르던,
절벽의 양 끝이 십시일반으로 내놓아 겨우겨우 이어진 길,
팽팽하게 펴지지도 않은,
실뭉치 얽히듯 이리저리 뭉쳐진 길이었다.

눈 내린 아침엔 그런 좁은 길이 눈 속에서 드러나고
꼭 필요한 만큼의 길이
어떤 크기나 모양이었는지 알게 된다.

고작해야 새들의 코웃음이나 살 만한 길이지만
사람 뒤를 따르는 개와 고양이들도 넉넉히
그 길로 지나다닌다.

좁은 길을 걸어온 조신(操身)한 사람과
넓은 길을 종횡으로 무진하게 걸어온 사람은
그 걸음걸이가 다르다.
횡대로 걸으며 좌충우돌한 것도
갈지자로 비틀거린 것도 어쩌면
헐렁한 옷가지처럼 여분의 갓길 탓이었는지도 모른다.

눈이 다 녹고 나면
사람들은 다시 헐렁한 길로 느슨해진다.

고무장갑을 위한 변명

우리 집에 서열이 있다면
아마도 고무장갑이 그중 갑(甲)이다.
주방에선 고무장갑을 낀 손이 나름의 전력(戰力)이다.

누구든 저 장갑을 끼기만 하면 큰소리를 탕탕 친다.
그 앞에선 하물며 그릇들도 우당탕탕 부딪는 소리를 낸다.
말하자면 고무장갑이 완장(腕章)인 셈이다.

그 옛날 이른 겨울 아침 부엌의
벌겋게 달아오른 어머니의 손,
김이 무럭무럭 나던 그 손 같은 고무장갑
먹고 사는 일 그 뒤끝을 닦아내는 일이 설거지라면
손에도 유전자가 있지 않을까.

아무리 엉킨 그릇들도 저 손이 휘젓고 나면
반듯해지고 가지런히 포개진다.

한 집안의 식성을 고스란히 기억하고 있는 손,

할아버지의 묽은 식성은 부드럽게 어루만진다.
고집 센 아들의 밥그릇에 말라붙은 밥풀은
잘 떨어지려 하지 않는다.
젖지 않고는 결코 포기하지 않는 집착이다.

고무장갑은 어떤 궂은일도 마다하지 않는다.
따지고 보면 우리 집에서 제일 신분이 천한 수드라*,
어지러운 곳에선 때로
가장 낮은 자가 가장 목소리가 크다.

하루의 일을 끝낸 지친 손,
물기 마른 싱크대에 손목을 꺾고 곤한 잠을 자고 있다.
깰까 봐 냉장고 문을 살살 열었다.

---

*수드라(shudra, 首陀羅): 인도의 신분제도인 카스트의 최하위 계급.

분장(扮裝)

어스름이 깔리는 초가을 저녁 무렵
홍릉의 어느 술집 골목
오늘도 그는 습관처럼 나타난다.

세트는 완벽하다.

오늘의 소품은 양철 테이블과 식은 국물 안주, 칠 할의 테를 유지하고 있는 소주잔 정도다. 술잔에 적신 솜으로 의식의 껍질을 닦아내는 그의 분장은 체득으로 갖춰진 것이어서 흠잡을 데 하나 없는 연기를 지적하거나 컷, 을 외치는 사람은 없다.

그는 자신의 연기에 만족하지 못한 듯 쉬지 않고 혼자서 중얼거린다. 했던 말을 하고 또 하는 지루한 연기는 그에겐 내재율 같은 것이어서 꽤 익숙해 보인다. 우물우물 물고 있는 혼잣말은 참고 또 참았던, 겹겹이 쌓인 내재율이 밖으로 넘쳐 흘러나오는 것이다.

그는 어떤 장면엔 이미 만반의 준비가 되어 있는 듯하다. 몇 순배 술잔이 돌면 그는 현실과 공상을 오가며 일인이역을 하는 사람이 된다. 때때로 자신의 안쪽과 바깥쪽을 뒤바꾸거나 뒤섞기도 한다.

분장 이전과 이후 그는
한결같이 갈지자걸음이다.
분장의 이쪽과 저쪽, 어느 배역이 진짜 현실인지
어떤 때는 그 자신도 구별하지 못한다.

숨

호수나 바다에 가득 들어찬 물은
하나의 거대한 덩어리입니다
물고기나 수생식물들이
그 덩어리를 조금씩 떼어먹고 살지만
그 물이 줄어들지는 않습니다

사람들이 쉬는 숨 또한 거대한 덩어리입니다
지구의 모든 생물들이 그 덩어리를 쪼개어 마셔도
그 크기가 줄어들지는 않습니다

사람은 지구를 숨으로 오염시킨 적이 없고
오히려 숨이 오염된 공기의 필터 역할을 했습니다
다만 사과의 한 쪽처럼 숨도
가끔 썩을 때가 있는 것입니다
우리는 누군가 한 번쯤 쓰고 버린 숨을 또 쉽니다
흠 없이 깨끗한 숨은 없습니다
새들도 나무들도 온갖 먹이사슬들도 함께 나누어 쓰는
그 숨을 현미경으로 살필 수 있다면

아마 조금씩 깨지거나 상처 나 있을지도 모릅니다

지금은 그 숨이 한없이 날카로워
깨진 사금파리처럼 위험한 때
큰 소리의 말투가 사람을 돌아다니고
문 닫은 공기들이 숨을 들락거릴 때
사람의 숨이 사람의 숨을 빼앗기도 하는 것입니다

그럼에도 불구하고 숨을 주고받는 것은
곧 믿음입니다
상처 난 숨을 치료하는 사람은 결국 살아남은 사람들입니다
들숨과 날숨이 가장 힘이 세기 때문입니다

엉거주춤

살다 보면 엉거주춤하게
서 있어야 할 때가 종종 있다
나무들은 대개가 엉거주춤한 자세로 서 있다
그건, 이쪽도 저쪽도 아닌
어느 방향에도 폐를 끼치지 않겠다는
겸손한 중심과 바람의 간섭이 몸에 밴 것이다
햇볕도 그늘도, 받으면서 피하는
가장 자연스러운 통섭(通涉)의 자세라는 것이다
그 자세가 사람에 이르러선
조금은 민망한 모양이 되었지만
저 나무들의 자세들을 배워야 할 때가 있다
이를테면, 살짝 몸 비틀어
정면을 옆으로 돌려놓는 방법 같은,
사나운 날씨를 휘청휘청 받아내는 일 같은 것들이다

웃으면서 우는 울음처럼
어느 한 지점에서 불편으로 기운
척추측만으로 통증을 피하면서 또 모시기도 하는

어중간(於中間)
저울 바늘의 가녀린 떨림처럼
영점을 찾아 뒤뚱거리듯, 사람이 늙으면
왜 저절로 엉거주춤해지는지
오랜 고목(古木)에게 물어볼 일이다

남지 개비리길

창녕 남지 낙동강 하구 절벽에
아지랑이 누운 듯 이어진 개비리길*은
아슬아슬한 벼랑 끝,
그 가파른 끝들이
십시일반 양보해서 생긴 길이다

그 옛날, 어느 집 누렁이가 새끼 열한 마리를 낳았는데 젖꼭지는 열 개밖에 없었다. 선 채로 조롱조롱 매달린 새끼들 중 못 먹어 비쩍 마른 조리쟁이**를 친정 왔던 딸이 데려갔고 그 조리쟁이 눈에 밟혔던지 누렁이가 수십 리 비리길을 달려가 젖을 먹였다 하여 이름 붙인 개비리길, 흰 눈 위에 누렁이 발자국이 꽃처럼 피었다 녹았다는 이야기

어젯밤 꿈속에서 나는
그 개비리길을 시린 발로 걸었다
꿈을 깨니 가파른 땀이 등에 축축하고
평생의 조심성을 다 쓴 듯 발목이 욱신거렸다
훗날 내가 고향을 떠났을 때

입에 착착 감기는 반찬 들고

먼 도시까지 찾아오던 내 어머니처럼

꽃피는 발자국 아니고서는

누구도 그 길을 걸을 수 없다

---

*개비리길: 개는 강가를 뜻하며 비리는 벼랑이란 뜻의 벼루에서 나온 말로서 강가 절벽 위에 난 길을 뜻한다는 설과 친정 왔던 딸이 멀리 데려간 조리쟁이에게 젖을 먹이기 위해 어미 개가 다닌 비리에서 유래했다는 설이 있다.

**조리쟁이: 못나고 작아 볼품이 없다는 뜻의 지방 사투리.

방석

분리수거장에 버려진 낡은 방석 위에
고양이 한 마리 앉아 있다
발을 감추고 꼬리를 잠그고
눈에는 가득 잠을 머금고 있다

처음엔 하늘에서 떨어진 한 장 구름인가 했다
소나기의 조짐이 얼룩얼룩 묻은 한 마리 고양이
오늘의 가장 폭신하고 따뜻한 곳이다

저 방석 한 장은 어느 집의 그중 아늑한 곳이었을 것이다
봄날의 쌀쌀하고 눅눅한 바닥과
흐드러진 공중의 한철 사이
고양이와 벚꽃잎이 교대로 앉았다 가고
눅눅히 젖은 자정도 별빛도 앉았다 간다

누구든 앉았다 가라
가장 낮은 곳이면서 가장 은혜로운 곳
방석은 지붕을 얹지도 사립문을 달지도 않는다

부슬부슬 어둑한 비가 내리고
가장 낮은 곳 한 장과 은혜 하나를
버릴 수 있을 것 같은 저녁
고양이가 떠난 방석 위로 빗줄기가 스며들고 있다

방석은 처음부터 떠나갈 것을 알고 있었다
가고 나면 온기로 남을 짧은 인연을 생각하고 있었다
떠난 뒤 참혹하게 시려올 때
남기고 간 한 줌 온기로 견디면서
차가운 세상 바닥을 헌 몸으로 덮고 있다

오래 모른 척했던 내 냉골 위에
은혜로운 방석 하나 놓아두고 싶다

달의 모서리

굴러가는 것들도 때로는 멈춰 설 때가 있다
그건 둥근 몸체에도 모서리가 생겼다는 뜻이다

멀고 높다가도 때로는 가깝고 낮은 달,
누군가 그 달의 모서리를 묻는다면
초순과 하순쯤이 아니겠냐 싶다고 대답한다
그때쯤 모서리의 뿔이 돋아나기 때문이다
그러다 그 모서리가 닳아 둥글어지면
다시 환하게 굴러가는 것이라고
만월의 말투로 대답한다

모서리들은 꺾어진 곳의 풍경을 갖고 있다
그곳은 대체로 어둡거나 희미해서
한밤 식탁 모서리를 더듬듯 더듬어야 한다
구석은 모서리를 위해 꼭 필요한 모서리의 짝이다
모서리를 살고 있는 사람들은
돌면 나타날지도 모를 환한 바깥을 꿈꾸며
날마다 어두운 구석을 더듬는지도 모른다

달의 모서리에 몇 건의 경조사를 두고 있는 우리는
어쩔 수 없는 모서리 밖이나 안쪽의,
반쪽 사람들이어서 늘 얼굴이 반쪽이다
그건 어느 한쪽을 잃었거나
앓고 있다는 뜻이다

한동안 동그랗게 굴러가다가도
문득 제자리에 멈춰 서서
달의 모서리를 살고 있는 한달살이들
지난달은 빠듯했으나 이번 달은 그럭저럭 모서리를 벗어나
환하게 굴러갈 것 같다

철든 물

강물에 철이 들었다.
한때 후덥지근한 낙조(落照)로 술렁이거나
붕붕거리는 날파리들로 어수선했지만
가을 깊숙한 곳까지 흘러온 강물에
이제, 울긋불긋 철이 들었다.

가을 물들은 다 일렁이는 일을,
반영(反映)에 든 나무들의 색깔에 맡긴다.

흔들리는 물 밖을 굳이
물속까지 끌고 들어간 늦가을의 투명,
철이 든다는 것은
자기의 모습을 있는 그대로 바라보는 일,
물속이 붉은 물 밖을 흉내 내듯 읽어간다.
그 풍경을 절정이라 한다면
저의 물색(物色)을 다 비운 강물의 수고가 깊다.

여름의 물속은 불어난 깊이로 우거져

물속 일만으로도 무성했지만
가을 강은
물 밖 혼자 익어가는 철을 들인다.

탁한 물색들은 다 돌 밑으로 숨어들고
쓰라린 살갗 같은 얕은 추위가
명경(明鏡) 위에 깃들면
물속에 잠긴 붉은 한철이 일렁인다.

제철을 받아들인 강물은
나뭇잎 술렁이는 일로 붉다.

체인들

회전의 역사에는 늘 체인의 수고가 있다. 요철이 짝짝이 제 번지를 끼워 거대한 세상을 끌고 간다. 제자리를 맴돌 뿐인 무한궤도와는 다르다. 도토리나무에도 가만히 보면 무동력 체인이 달려 있다. 줄기 속 체인의 힘으로 해마다 잎이 나고 꽃이 피고 열매를 맺는다. 그러므로 나무들에게도 오르막과 내리막이 있을 것이다.

달력에 들어 있는 체인도 끊임없이 달려 수많은 날들을 건너간다. 바람 부는 날도 비가 내리는 날에도 달력 속 체인은 멈추지 않는다. 지구의 역사엔 단 한 번도 체인이 벗겨진 적 없었다. 달과 태양을 양발에 신고 열심히 페달을 밟는 무중력의 하루하루들, 누군가 처음 지구를 힘껏 돌린 이후 하루도 쉬지 않고 돌고 있는 것이다.

세상의 시계들 모두 원형을 돌듯 우리들 나이도 사실은 동그랗게 굴러가는 중일 것이다. 허공을 굴러가는 굴렁쇠처럼 나이 속에도 보이지 않는 체인이 들어 있는 것이다. 모두 각자의 몸속 체인으로 일생을 달려가는 것이다.

해설

생에 대한 질문과 '시'라는 답변

임지훈(문학평론가)

　살아 있다. 당연한 말이지만, 숨을 쉬고, 길을 걷고, 밥을 먹고, 잠을 자고, 그리고 말을 하는 것. 이 모든 당연한 일들은 모두 산 자들의 특권이자 살아 있음의 증거이다. 하지만 죽은 자들은 말이 없기에 우리는 우리가 가진 것이 특권이라는 것도 그것이 어떤 증거라는 것도 알지 못한다. 마치, 살아 있다는 것의 의미조차 알지 못한다는 듯이. 태어나면서 손에 쥔 이 권리가 어떤 것인지 알지 못하더라도 생을 살아갈 수 있다는 듯이.

　하지만 조금만 주의 깊게 생각해 본다면, 살아 있다는 것은 참으로 기이한 일이다. 우리는 살아 있기에 살아 있음을 당연하게 생각하지만, 우리가 놓인 이 우주 속에는 살아 있는 것보다 살아 있지 않은 것들이 더 많다. 길가의 작은 돌멩이나 나무로 깎아 만든 책상과 의자, 하늘에 떠다니는 구름과 심지어 지금도 찬란하게 빛을 발하고 있는 태양조차도, 우리가 놓인 이 우주에는 산 것들보다 살아 있지 않은 것들이 더 많다. 우리는 우리 자신이 살아 있기에 살아 있다는 것을 당연하게 여기고 그것으로 둘러싸인 우리의 생을 당연한 것이라 여기지만, 조금만 눈길을 돌려도 살아 있다는 것은 참으로 생경한 감각이 되고야 만다.

그래서일까. 동서고금을 막론하고, 현인들의 관심은 생으로 향한다. 죽음으로 향한 그들의 관심조차도 생이란 무엇일까에 대한 굴절된 물음인 경우가 많다. 살아 있는 존재로서, 살아 있음이라는 상태에 대해 묻고 답하는 과정은 그 자체로 철학이 되고 문학이 되고 정치가 된다. 그러나 우리는 수없이 긴 세월을 '살아왔음'에도 불구하고, 여전히 답을 찾아 헤맨다. 과연 산다는 것은 무엇일지, 죽음에 시달리며 쫓겨 가며 지금도 질문을 이어간다. 차마 알지 못하기에 그것이 정답인지조차 확신할 수 없는 도저한 물음들이다.

그럼에도 우리는 여전히 삶에 대해 묻고, 삶에 대해 답한다. 그러기 위해 자신을 뒤돌아보고, 온 감각에 신경을 집중하고, 살아 있다는 사실로부터 추인되는 모든 사실들에 관심을 기울인다. 그런데 이 답변을 찾아가는 여정에는 기이한 사실이 하나 있다. 비록 그것이 과연 정답인지 확신할 수 없다 하더라도,

그 여정은 계속해서 이어져 간다는 사실이다. 지금 우리가 마주한 한 권의 시집 또한 마찬가지다. 비관적으로 말하자면 답을 알지 못하는 자가 생에 대해 묻고 생에 대해 답하는 고고한 시간이 이 시집에 담겨 있다. 그렇기에 이 시집에 담긴 것은 생이란 무엇인가에 대한 오랜 질문에 대한 확고한 답이 아니라, 질문에 질문을 덧붙이고 감각한 답변에 의심을 표하면서, 계속해서 질문 속으로 걸어가는 과정이다. 하지만 이 말은 결코 이 시집에 담긴 시간이 비관적이라는 것을 의미하지는 않는다. 오히려 이 시집의 가치는 뚜렷하다. 비관을 뚫고 계속해서 나아가 질문으로부터 답을 궁구하는 일, 그것이 바로 시의 목적임을 알고 있다는 의미에서 시인은 답변의 한 타래를 손에 쥐고 있는 것처럼 보인다.

그렇기에 시인은 '삶이란 무엇인가'라는 질문을 향해 곧장 나아가지 않는다. 오히려 그는 삶을 그 자체로 경험하며 느낀 바를 솔직하게 탐문한다. 그렇기에 이 시집은 생의 환희에 대해서부터 이야기를 시작하는 것이 아니라 살아 있는 모든 존재가 경험하고야 마는 생의 고독과 살아 있음의 고됨으로부터 이야기를 시작한다. 마치 생에 대한 탐문이 진정성을 얻기 위해서는 그 가장 높은 꼭대기에서부터 이야기를 시작하는 것이 아니라, 가장 거칠고 낮은 아래에서부터 이야기를 시작해야 한다고 외치는 것처럼 말이다. 이 거친 탐문이 어떤 진정성을 획득하는 것은 바로 이 때문이리라. 우리는 흔히 밝고 빛

나는 생의 가장 높은 지점에서 생에 대해 반추하고 회고하려 하지만, 그렇게 해서 얻어낸 답변이란 과연 신뢰할 수 있는 것일까. 생이란 사물에 깃든 명암에 대한 고려 없이, 오직 밝음 속에서 묻고 길어낸 답변이 전부를 통찰한다 말하기는 어려울 것이다. 그렇기에 배종영이라는 시인 또한 삶에 대해 묻고 답하기 위해 아래와 같은 생의 고됨에 대해 이야기하는 것에서부터 그 거친 여정을 시작하고 있는 것이리라.

    그의 구두에 잡힌 주름이
    저의 걸음에 전전긍긍한 흔적이라면
    얼굴 주름이 가득한 저이는
    머릿속에 지고 가는 것들이 너무 많은 듯하다.
    복잡한 머릿속에 오랫동안 짓눌려 온 듯
    겹겹의 주름이 잡혀 있다,
    웃음과 울음의 표정조차도 주름의 주도하에 있다.

    겹겹의 주름은 또 얼마나 힘이 센 것인가.
    풀어 놓거나 꺼내 놓으면
    책 수십 권도 넘을 푸념과
    웬만한 창고 하나쯤은 거뜬히 채우고도 남을 계획들,
    그것들을 평생 떠받치며 살아왔으니
    주름의 지지력은 대단한 것이다.

안간힘도 모자라 시력과 청력

앙다문 이빨까지도 다 동원했으나

세상 무게들 대부분은

다 귀와 눈으로 들어온 것들이라

눈과 귀는 결국 무게의 이동 경로쯤 되는 것이다.

그러나 언젠가부턴 머릿속의 무게들

주름의 징검다리를 건너 온몸으로 옮겨질 것이니

꼿꼿하게 버텨왔던 몸은 그때

비스듬히 또는 수평으로 누울 것이다.

일생의 뒤축이 닳은 저이는

또 구부정하게 걷는다.

─「어떤 무게 이동의 경로」 전문

 위의 시에서 화자의 시선은 신코에서부터 얼굴로, 인간의 가장 낮은 부분에서부터 시작해 가장 높은 부분을 향해 수직으로 이동한다. 이 수직의 시선 이동을 관통하는 것은 "주름"이다. 화자는 신발에 든 주름을 바라보며 "전전긍긍한 흔적"을 읽어내고, 얼굴의 주름으로부터 "머릿속에 지고 가는 것들"을 읽어낸다. 그의 시선 속에서 주름이란 단지 어떤 물건이나 인간의 낡음을 표현하는 상관물인 것이 아니라, 넓고도 깊은 시간을 함축한 생의 자욱으로 읽힌다. 그리고 그것은 생을 지탱하는 몸을 이끄는 발과 그것을 표현하는 얼굴 두 개의 축을 통해 이루어진다는 점에서, 화자의 이와 같은 수평적인 시선 이동은 인간의 생이 필연적으로 마주하게 되는 무게와 깊이를 가장 낮은 곳과 가장 높은 곳이라는 대립되는 두 요소를 통해 표현하기 위한 방법이라 할 수 있다.

그렇기에 화자의 수평적인 시선 이동은 그 축으로부터 깊이를 가늠할 수 있는 것이라 생각되는데, 이에 대해 화자는 주름을 "겹겹의 주름은 또 얼마나 힘이 센 것인가./풀어 놓거나 꺼내 놓으면/책 수십 권도 넘을 푸념과/웬만한 창고 하나쯤은 거뜬히 채우고도 남을 계획들,/그것들을 평생 떠받치며 살아왔으니/주름의 지지력은 대단한 것이다."라는 경탄을 표하고 있다. 화자의 시선이 길어 올리는 깊이에 대한 탐문은 그렇기에 생의 무게와 고됨에서부터 시작하여 그것을 떠받치는 생 그 자체로 더욱 깊이 나아갈 수 있는 것이라고 생각된다. 단지 생을 고된 것이며, 주름은 그저 노쇠함의 상징이라는 평평한 상상력에 머물렀다면, 마찬가지로 시적 묘사 역시 어떤 축을 갖지 못하고 그 표면에 머물고 말았을 것이기 때문이다. 생의 고됨으로부터 어떤 경탄을 끌어올리는 힘은 화자가 오래도록 한 사물을 관찰한 결과이면서, 사물의 표면으로부터 그 너머로 나아가고자 하는 시적 의지의 발로라고 할 수 있을 것이다.

그렇기에 이 시의 마지막 연은 단지 어떤 고됨과도 같은 일차원적인 것만으로는 읽히지 않는다. 화자는 이 시의 마지막에서 최초에 바라본 한 인간의 형상을 다음과 같이 묘사한다. "일생의 뒤축이 닳은 저이는/또 구부정하게 걷는다." '뒤축', '닳은', '구부정'과 같은 시어로 인해 자칫 부정적으로 소묘될 수 있었을 한 인간의 뒷모습에 대한 화자의 묘사는 앞서 드러난 생에 대한 깊이 있는 시선을 거침으로써 독특한 의미를 획득한다. 예컨대, 산다는 것의 고됨에 대해 깊이 고뇌하면서도 그럼에도 살아가는 인간의 의지와 그러한 생으로부터 깊이를 감춘 주름이 생성된다는 인식은 마찬가지로 여기에도 적용되어, 바로 그 "구부정"한 각도가 한 사람이 감내하며 나아가야 하는 생의 기울기로 그 의미가 탈바꿈하게 되는 것이다.

한 사람이 견뎌야 하는 생의 기울기. 마치, 지구가 태양에 대해 완전한 수평과 수직축을 이루어 공전과 회전을 반복하는 것이 아닌 것처럼, 모든 인간 또한 지면과 하늘에 대해 완벽한 수평과 수직축을 이루어 살아가지는 않는다. 모든 인간의 생은 고된 것이지만, 그 고됨은 모두 각기 다른 특수성을 지니고 있기에, 모든 인간은 자기 생의 특수한 기울기를 감당하며 나아가야만 한다. 쓰러질 듯, 그러나 쓰러지지 않으며, 때로는 그 쓰러질 듯한 생의 고됨이 그를 더욱 회전하며 나아가게 만드는 것이다. 어쩌면 배종영 시인 한 사람의 기울기에 머무는 시선이란, 이처럼 한 사람이 감당해야 하는 자기만의 기울기에 대한 애정 어린 시선이라 이야기할 수 있을 것이다.

한 사람의 생이 완전한 방식으로 이루어지지 않는다는 이와 같은 특수한 인식은 「미봉책(彌縫策)」이라는 시에서 다른 방식으로 전개된다. 다만 앞의 시가 시선의 이동으로부터 수평과 수직을 오가며 끝내 어떤 깊이와 기울기를 견인해냈던 것과 달리, 이 시에서는 생의 방식에 대한 물음으로부터 답을 이끌어 내고자 노력하면서 앞의 시와는 또 다른 인식을 견인하고자 노력한다.

> 미봉책,
> 한자(漢字)로 풀어보면 두루 꿰맨 일이라 하는데
> 그렇다면 매일 갈아입는 의복들은 다
> 여기저기 깁고 꿰맨 미봉책에 불과한 것 아닌가
> 세상의 망자들이 남겨 놓은 옷가지들이란
> 생전의 이름으로 다 해져서
> 아무도 그 옷을 입으려는 사람이 없는 것처럼
> 본래의 융기(隆起)가 아닌 것들은 모두
> 일시적으로 꿰매고 이어붙인 것에 불과하다
>
> 요즘 같은 날씨라면
> 봄옷 몇 벌쯤은 짓고도 남을 것 같다
> 원래 날씨야말로 가장 얇거나 두꺼운 옷감들이라

어떤 날씨는 옷을 벗게 하고

또 어떤 날씨는 옷을 껴입게 하지만

그때마다 날씨라는 거대한 순리 앞에

겨우 미봉책에 불과한 몇 벌 옷으로

두루 대처하는 것이다

미봉책은 잠시 머물다 가는 것,

그런 찰나적 미봉(彌縫)에 기대어

우리는 일생을 사는 것인데

그 미봉조차도 다 뜯지 못하고 간다면

그 미봉을 걷어낸 완전한 옷 한 벌은 언제 입는가

아마도 그건,

어머니의 뱃속 시절과

사후의 널빤지 한 벌이 아닐까

—「미봉책(彌縫策)」 전문

  우리는 살아간다는 것이 실수와 후회 없이 이루어질 수 있으리라 믿는다. 마치 한 벌의 옷이 아무런 재봉선도 구멍도 없이 이루어질 수 있다고 믿는 것처럼 말이다. 그런데 만약 한 벌의 옷이 재봉선도 없고 구멍도 없이 단 한 목의 천으로 이루어진다면, 그건 옷이라고 할 수 있을까? 어떤 곳도 이어지지 않고 터지지 않은 그것은 다만 천을 잘라놓은 것에 불과할 뿐, 결코 옷이라고 부를 수는 없을 것이다.

 이 시에서 시인은 인간의 한 생애를 옷 한 벌에 비유하면서 그 사이에 이루어지는 공통점과 차이를 세밀하고도 깊이 있게 바라본다. 그리고는 그 교차점으로부터 독특한 사유를 길어낸다. '미봉(彌縫)'이라는 한자어의 유래에 대해 살피며 시작되는 이 시에서, 화자는 하나의 의문을 제시한다. 예컨대 미봉이라는 말이 있는 것은 마치 완전히 봉해진 것이 있기에 그에 미치거나 준하지 못하는 사례를 일컫는 것처럼 보이지만, 사실 모든 옷은 "여기저기 깁고 꿰맨" 미봉에 불과하지 않은가라고 질문을 던지는 것이다. 이것은 단지 옷에 대한 비유일 뿐만 아니라, 인간의 생에도 고스란히 적용될 수 있는 이야기이기도 하다. 그러나 시인은 옷과 인간의 생 사이의 연관 관계를 쉽사리 드러내지 않으며 "미봉"과 "옷"에 대한 비유를 끝까지 밀어붙여, 끝내 모든 미봉을 걷어낸 완전한 옷 한 벌에 이른다. 그리고 이 지점에서 시인은 드디어 "옷"으로부터 인간의 생애로 이어지는 한 구절을 내뱉는다. 완전한 옷 한 벌은 오직 "어머니의 뱃속 시절"이라는 태초와 그 모든 생이 끝에 다다르는 종결의 지점 "사후의 널빤지 한 벌"이라는 단정한 말로써 말이다.

 이처럼 미완으로부터 완결을 향해가는 배종영 시인의 사유는 다음의 시에서도 나타난다. 한 무리의 동물들이 살아남기 위해 보여주는 움직임으로부터 생의 진실에 대한 한 타래를 풀어내는 시, 「뜨개질」이 바로 그것이다.

    남극의 펭귄들이나 인간이 하는 뜨개질은
    엉키고 교차하는 일로 따뜻한 체온을 유지할 수 있어
    고마울 때도 있다.

    그러나 자신의 몸속을 뽑아내 얽고 엮어 먹고 사는 일을 하는 거미나 부러진 나뭇가지를 주워다 결구(結句) 짓는 까치를 보면 사람이 하는 뜨개질은 하수의 손재주에 불과하다.

    명작들은 모두 다변한 감정들을 엮어 탄생했다.

    또 어떤 결말들은 엉킨 실타래에서 실마리 찾듯 그 엉킨 매듭들을 기어이 헤쳐나온 뒤끝들, 그런 뒤끝들을 정답으로 사용한다. 가령, 넝쿨들이나 줄기식물들은 얽히고설킨 힘으로 꽃을 피우고 열매를 맺는 명백한 정답들이다.

    엉킨다고 다 난제들은 아니다. 꿰매고 기워가는 상처처럼 벌어진 사이들은 오히려 엉켜야 아물게 되고 이심전심으로 꽁꽁 묶여 있는 것들이 온갖 세력을 만드는 것이다.

인간은 또 자연을 구부리고 끊고 다시 이어붙이는 방식
으로 연명하는 일을 지켜왔다.

태풍이 온다고 야단법석이지만 그 얽히고설킨 야단법
석이 결국 무사히 바람을 이기는 힘이 된다.

얽고 매듭지고 묶은 것들이
난제를 푸는 기초가 되는 경우가 많다.

—「뜨개질」 전문

극한의 환경에서 살아남고자 서로 몸을 부대끼는 펭귄의 모습을 바라보며 시인은 엉키고 교차하는 움직임에 주목한다. "얽히고설킨"다는 것은 보편적으로 인생에서 벌어지는 불상사를 가리키곤 하지만, 펭귄들의 모습에서 나타나는 엉킴이란 환경을 이겨내고자 벌이는 생의 사투라는 점에서 보편적인 의미를 가볍게 벗어난다. "명작들은 모두 다변한 감정들을 엮어 탄생했다."는 진실은 이와 같은 생의 움직임을 배경으로 하여 그 의미를 얻는다. 하지만 인간의 생이란 결코 평평하지만은 않아서, 때로는 그 얽힘이 명작을 만든 이로 하여금 비운을 맞게 만들기도 하기에, 때로 인간은 그 엉킴으로부터 빠져나와 다시금 그 자리를 바라보고는 한다. 시인은 이러한 진실을 또 다른 얽힘, 교차하는 움직임을 통해 스스로를 확장하고 펼쳐내는 식물의 움직임으로 시선을 옮겨 표현해낸다.

  얽히고 풀리는, 그것을 반복하는 생의 움직임 속에서 시인은 다음과 같이 선언한다. "엉킨다고 다 난제들은 아니다." 흡사 보편적인 목소리로 그칠 수 있을 법한 이 이야기를, 시인은 자신이 포착해낸 여러 생의 움직임을 배경 삼아 하나의 금언으로 만들어낸다. 이처럼 배종영이라는 시인은 자신의 눈에 포착된 사물을, 그 자리에 깃든 생의 자욱을 오래도록 바라보며 자신이 알고 있는 '사실'을 생의 '진실'로 표현해낸다. 그리고 그 표현들은 생이란 무엇인지, 왜 생이란 이토록 힘들고 괴롭기만 한 것인지, 그 힘듦과 괴로움으로부터 우리는 어디를 향해 나아가는 것인지에 대해 깊이 성찰하고자 시도한다. 시인이 포착한 모습 사실과 그로부터 진술해내는 진실들이 너른 울림으로 퍼져나갈 수 있는 것은 바로 이와 같은 오랜 응시와 자신이 바라본 것에 대한 긴 사유가 동반되기에 가능한 일이리라 생각된다. 아직 생에 대한 모든 것을 알지는 못한다고 겸손하게 말하면서도, 그렇기에 거듭 시를 통해 진실을 포착하고 표현하고자 하는 시인의 모습 속에서, 우리는 우리가 그토록 바라는 답이 '시'를 써 내려가는 행위 속에 내재해 있음을, '시'를 쓴다는 행위를 통해 그 타래를 움켜쥘 수 있음을 느끼게 될 것이다.

문학의전당 시인선 371

사유하는 팔꿈치

ⓒ 배종영

초판 1쇄 인쇄	2023년 10월 19일
초판 1쇄 발행	2023년 10월 25일
지은이	배종영
펴낸이	고영
디자인	헤이존
펴낸곳	문학의전당
출판등록	제448-251002012000043호
주소	충북 단양군 적성면 도곡파랑로 178
전화	043-421-1977
전자우편	sbpoem@naver.com

ISBN 979-11-5896-619-5 03810

*이 책의 판권은 지은이와 문학의전당에 있습니다.
*양측의 서면 동의 없는 무단 전재 및 복제를 금합니다.
*잘못 만들어진 책은 바꿔드립니다.
*이 시집은 용인특례시 용인문화재단의 2023년도 문화예술공모지원사업을 지원받아 발간 제작되었습니다.